Fany D.

Les liens de l'invisible

© 2023 Fany D.
Tous droits réservés
ISBN : 978-2-3221-4049-7
Édition : BoD – Books on Demand, info@bod.fr
Impression : BoD – Books on Demand, In de Tarpen 42,
Norderstedt (Allemagne)
Impression à la demande
Dépôt légal : Mars 2023

Fany D.

En contact depuis mon enfance avec le monde de l'invisible, je n'ai jamais cessé de mener des recherches et d'apprendre sur le milieu du paranormal.

Fan du couple Warren ou encore du Dr Raymond Moody, et bien d'autres parapsychologues ou journalistes, j'ai pendant des années consulté des centaines d'ouvrages et d'archives ainsi que des vidéos et autres.

Avec pour seul but de comprendre ce que j'avais vécu et avoir des réponses.

Voilà le but ultime : avoir des réponses en sachant pertinemment qu'on ne saura jamais toute la vérité.

À vous de croire ou non en mon histoire.

À Julienne,

Table des matières

Préface

Il y a bien des histoires qui nous paraissent impossibles dans la vie.

Des moments où l'on ne sait pas pourquoi cela nous arrive à nous et pas aux autres, des questions qui restent sans réponse, malgré une quête acharnée en notre tête et en notre cœur.

Qui peut dire qu'il sait et peut tout connaître ? Comment savoir si cela est bien vrai ou non ?

Nous sommes des millions de gens à vivre ce genre d'expériences, à nous taire par peur de paraître fous.

Je sais que ce livre va parler à bon nombre de personnes, personnellement, cela me servira d'exutoire.

Les noms et les villes dans ce livre seront modifiés, afin de nourrir la curiosité de tous les enquêteurs en herbe.

Il existe déjà des centaines de livres sur le sujet, et évidemment, vous allez me dire que c'est toujours la même chose, eh bien, oui, justement !

Ce livre, je le fais pour moi, pour ma famille, pour nos expériences incroyables, pour toutes les personnes bienveillantes qui ont croisé mon chemin et aidé dans mes recherches.

Comme le disait François-René de Chateaubriand : « Les vivants ne peuvent rien apprendre aux morts ; les morts, au contraire, instruisent les vivants. »

Laissez-moi vous raconter mon histoire… et vous déciderez de ce qui est possible ou non.

Avant-propos

Je vais vous raconter mon histoire, à vous de juger si cela est vrai ou non.
Avez-vous aussi vécu des histoires hors du commun ?

Nos yeux ne peuvent tout voir, qu'en est-il de notre esprit ?

Le début

Je suis née un lundi de juillet 1989, dans une ville des Landes qui est assez connue pour ses fêtes et ses habitants chaleureux et accueillants.

Dans ma famille, nous ne sommes pas forcément des personnes ayant eu des expériences avec le monde de l'invisible ou autres, nous sommes tous assez cartésiens.

Je n'ai jamais eu connaissance d'histoires ou autres de mes ancêtres, et de soucis dans le quartier où nous avions notre maison.

Nous avons eu des coupeurs de feu et des guérisseurs du côté de mon père et cela est bien le seul lien que j'ai pu trouver avec ce qui arrivera par la suite à celui-ci.

Nous vivions à cinq, au numéro cinq de la rue, la maison était très ordinaire, mais pleine de rires, de chamailleries et de larmes, une famille normale avec des hauts et des bas, mais toujours soudée.

Mon enfance, je l'ai vécue entourée d'amies et de ma famille, de mes grands-parents, de mes oncles et tantes, et de ma multitude de cousins et cousines.

J'étais déjà une enfant curieuse, espiègle et empathique, je n'ai connu qu'une seule maison, celle-ci.

Elle était située dans un quartier qui était il y a très longtemps, du temps de Napoléon, des marécages.

Elle est tout à fait normale, si vous vous attendiez à un manoir ou une vieille maison lugubre, vous serez déçu(e).

Les maisons voisines étaient toutes identiques, le quartier était calme et tout le monde se connaissait.

Pourtant, des années après avoir quitté ce quartier, les langues se sont déliées et des secrets et révélations sont arrivés à mes petites oreilles.

Je me souviens encore de l'odeur de ma chambre et des nuits passées, morte de peur, au fond de mon lit.

Je dormais jusqu'à l'âge de 12 ans avec une lumière pas loin de moi ; le noir, c'était la porte ouverte à mes plus grandes peurs.

Plus je grandissais et plus les phénomènes étaient finalement devenus normaux pour moi, bien que je n'en aie parlé à personne, de peur de passer pour une folle.

En fait, dans cette maison, nous avons tous vécu des choses sans nous le dire, ce n'est que des années après que mes parents et des amies m'ont raconté tout ceci.

Cela a commencé quand j'avais enfin une chambre à moi, ma grande sœur était à la fac et mon frère avait récupéré la sienne.

Dans ma chambre, il y avait des jouets, des photos de famille, des livres partout et un immense placard à double porte encastré dans le mur.

Les plafonds étaient très hauts et, de ma fenêtre, je pouvais voir tout le quartier et un parc en face de la maison où j'allais jouer.

Je ne me suis jamais sentie seule dans cette chambre ou même dans la maison, même quand je l'étais vraiment. Vous comprenez ce que je veux dire ? Cette sensation qu'il y a toujours une personne qui vous suit ou vous regarde.

Cela a commencé par de petits bruits de craquements, la maison n'était pas si vieille que ça, mais bon, je me disais que le bois de l'escalier ou du placard travaillait.

Je sentais des courants d'air froid sur ma nuque ou mes bras.

Il m'arrivait de voir, certaines nuits, des lumières étranges tels des yeux verts, mais comme des petites lanternes au pied de mon lit, je cachais ma tête sous ma couette, terrifiée, et quand je la sortais, plus rien.

Si, à ce moment du livre, vous vous demandez si je suis folle, la réponse est non, je vais très bien, ne vous en faites pas pour moi.

À cette époque, mon placard (qui deviendra vraiment la chose qui m'a le plus fait peur) était plein de vêtements et de jouets.

Il y avait un jeu à la mode qui s'appelait les Furby, c'étaient des espèces de chouettes robots qui parlaient et qui fonctionnaient avec des piles.

Un soir, je devais avoir 9 ou 10 ans, j'avais rangé le mien dans le fameux placard. Tard dans la nuit, je l'entends chanter, j'ouvre le placard, je retire les piles et je me recouche dans mon lit.

Une heure après, le jouet recommence et me dit : « tu veux jouer avec moi ? » C'était une des phrases enregistrées dans le jouet.

Effrayée, je suis allée trouver refuge auprès de mes parents. Le lendemain, le jouet était à la poubelle.

Les phénomènes se produisaient surtout la nuit, mais pas seulement chez nous.

Je sais qu'il y a eu deux interventions, dont une d'un prêtre dont je ne dirais pas le nom pour des cas de possessions dans des maisons qui étaient à côté de la nôtre.

Je n'ai su cette histoire qu'une vingtaine d'années plus tard.

J'ai pu sentir beaucoup de choses dans cette maison, pas forcément de danger, mais je n'étais pas à l'aise, j'ai toujours eu l'impression que l'on ne devait pas être ici.

Il y avait un parc juste en face à l'époque, et c'est à cet endroit que j'ai rencontré à deux reprises cette femme qui encore aujourd'hui est bien enregistrée dans les moindres détails dans ma tête.

Je jouais souvent dans ce parc, j'ai toujours aimé jouer dans la nature, être proche des arbres, m'allonger dans l'herbe, etc., rien ne m'apaisait plus que cela. Dès que je pouvais sortir de cette maison, le premier endroit où j'allais, c'était dans ce parc.

Mais voilà, un jour, j'étais en train de vagabonder sur un chemin qu'il y avait au fond de ce parc, il allait à gauche et à droite et cela donnait sur des maisons du quartier.

Plus haut, il y avait un genre de petit raccourci, une grande pente pleine de noisetiers qui donnait sur une route du centre-ville.

Je suivais donc ce petit chemin en espérant récupérer des noisettes, que je rapporterais chez moi plus tard. Il faisait jour, c'était en milieu d'après-midi, je me souviens exactement d'avoir tourné la tête instinctivement sans raison apparente et d'avoir vu une femme.

Cette femme était vêtue d'une grande robe noire bouffante et en dentelle un peu du style victorien, elle avait des gants et un chapeau ainsi qu'un voile sur le visage que je n'arrivais pas à voir.

Qui était cette personne ? Je connaissais tous mes voisins et cette femme n'était pas d'ici.

Cette dame était d'une grande élégance, il n'y avait pas un bruit et personne autour, elle m'a tendu la main comme pour que je la suive.

Je me rappelle avoir réfléchi et avoir eu au fond de moi le sentiment que je devais partir de l'autre côté.

Je me suis reculée et j'ai pris l'autre chemin sans me retourner, mes jambes tremblaient, car j'avais un mauvais pressentiment, j'avais la frousse.

Je l'ai revue une autre fois au même endroit et il s'est passé la même chose.

J'ai effectué des recherches plus tard, mais je n'ai rien trouvé, je n'ai pas eu accès aux archives pour savoir s'il y avait eu des constructions après les marécages ou si, comme beaucoup de gens m'ont raconté, c'était un endroit où il y avait eu un cimetière de soldats à une certaine époque.

Encore aujourd'hui, je me demande qui était cette femme.

Signaux

Je n'ai pas vécu des choses tous les jours de ma vie, en fait, il y avait des périodes.

Je me suis rendu compte que mes émotions étaient souvent liées aux phénomènes.

Les nuits, j'entendais des coups et des grattements dans mon placard.

Nous n'avions pas de rongeurs ou même de chat dans la maison. Au moment où j'allumais ma lumière, plus rien, plusieurs fois je me suis demandé si cela venait de moi, mais quand il y a eu d'autres témoins, j'ai compris que non.

Je me suis longtemps cachée de peur de voir ou d'entendre ces choses, je n'ai jamais vraiment essayé de comprendre, à cet âge-là, je voulais seulement que ça s'arrête.

Un soir, j'avais échangé de chambre avec mon frère, il était parti chez des copains et sa chambre évidemment était beaucoup mieux que la mienne (privilège du grand frère), il y avait un balcon et il avait la télé.

Pour moi, c'était un peu une suite dans un petit palace et j'adorais fouiner dans ses affaires pour le faire rager.

Cette nuit-là, je me suis mise dans le lit et j'ai regardé la télé. J'avais 14 ou 15 ans dans ces eaux-là. Je me suis assoupie et je me suis réveillée, car j'ai senti quelqu'un s'asseoir à côté de mes jambes, en fait, j'ai pu sentir comme un poids, vous savez quand quelqu'un est assis au bord du lit.

Je ne pouvais plus bouger mes jambes, j'étais de dos, je n'ai pas ouvert mes yeux, j'ai tendu la main vers la lampe, j'ai allumé, plus rien.

Bien entendu, courageuse comme j'étais, j'ai pris mes affaires et je n'ai pas pu dormir dans cette chambre pendant longtemps.

J'ai appris plusieurs années après que mon frère avait vécu la même chose.

Cette chambre, je l'ai eue après lui à 16 ou 17 ans et je n'étais jamais bien dedans, je n'y ai jamais passé une nuit paisible.

J'avais invité des amies à une soirée pyjama à mes 16 ans, nous étions trois dans la maison, et elles ont eu peur, car elles ont entendu des bruits de pas à l'étage (cela était fréquent) alors qu'il n'y avait personne.

Nous avions passé la nuit dans la chambre et elles n'ont jamais voulu revenir dormir chez moi.

Un autre jour, c'est ma mère qui avait eu la surprise de retrouver la forme d'une silhouette sur les draps du lit. Elle venait de changer les draps, tout était bien repassé, car c'est une grande maniaque, tout était au carré à la maison.

Elle fait le lit, repasse plus tard et demande à mon père s'il a dormi dessus. Celui-ci rentrait juste de dehors, il n'y avait personne à l'étage.

Beaucoup de phénomènes se passaient à l'étage dans cette maison, mais au rez-de-chaussée aussi nous avons eu bon nombre d'incidents.

Je n'ai appris ces choses qu'il y a seulement une dizaine d'années. Mes parents, qui ne croient pas du tout à ce genre de choses et surtout qui ne connaissaient rien du tout du milieu paranormal, avaient vécu des choses chacun de leur côté sans se le dire.

Des années plus tard, lors d'un repas chez moi (je vivais alors en Sarthe), mon père me raconte que, un soir, alors qu'il discutait avec ma mère de mon arrière-grand-mère Julienne, les prix d'école de celle-ci, qui étaient des petits livres de plus de cent ans, ont volé de l'étagère sur laquelle ils étaient depuis au moins vingt ans sans bouger.

J'ai regardé mon père qui cherchait à comprendre. Plus tard, ma mère me raconta également une autre histoire.

Un matin, elle était dans la cuisine où il y avait une petite fenêtre qui donnait sur notre entrée, elle voit un homme grand, enfin un buste, passer par la fenêtre, nous avions à l'époque pas mal de témoins de Jéhovah qui venaient dans le quartier faire leur boulot.

Elle ouvre et dit « bonjour », mais là, personne.

Elle me décrit l'homme comme une personne grande, mais avec une veste militaire d'une autre époque. Cela a été très rapide, mais la veste est une chose qui l'a marquée.

Bien des années plus tard, lors d'une séance avec un ami passeur d'âmes et médium, je découvrirai l'identité de ce soldat qui me suivra de longues années.

Secret de famille

Il y a beaucoup d'ouvrages ou de documentaires sur le paranormal ou sur le monde invisible de nos jours.

La société s'ouvre un peu plus à ce milieu et à cet univers, que ce soient des journalistes ou des scientifiques ou même des médecins.

Je pense notamment à un médecin Français, spécialiste des EMI. En outre, j'ai le sentiment que les gens s'y intéressent de plus en plus.

Évidemment, le fait de penser qu'il y a quelque chose après notre mort est rassurant et apaisant.

Cette idée selon laquelle, à notre mort, nos défunts nous attendent, que tout le monde se retrouve est tellement belle que cela réconforte les gens dans le chagrin.

Il existe des gens aux dons extraordinaires, j'ai la chance d'en avoir parmi mes amies, des médiums, des magnétiseurs, des guérisseurs ou des coupeurs de feu.

Il est évident que, dans ce milieu, il y a aussi des charlatans, mais quand ces personnes vous racontent des secrets de famille ou vous donnent des informations que seule la personne décédée savait, comment expliquer cela ?

Beaucoup me disent : « Je crois ce que je vois ». Eh bien, moi et d'autres personnes, nous avons vu cela.

Je vous parle de ça, car je vais vous raconter l'expérience vécue par mon père. Cette expérience, des milliers de gens dans le monde entier l'ont vécue, dans des pays différents, avec des âges ou des sexes différents, mais tous témoignent des mêmes choses.

J'avais eu, il y a quelques années, un échange par e-mail à ce sujet avec un universitaire français, mathématicien spécialiste de la statistique, défenseur de la parapsychologie et qui travaille également avec l'INREES (l'Institut de recherche sur les expériences extraordinaires) à ce sujet.

Mon père a attendu l'âge de 63 ans pour me raconter cette histoire. Depuis des années, cela le rongeait, il voulait savoir ce que c'était.

Je lui parle alors des EMI, ayant vu et lu énormément de livres et de témoignages à ce sujet, je constate que cela ressemble étonnamment à ce que lui a vécu.

C'était en 1977 ou en 1978, il était tout jeune, pas de souci de santé à signaler.

Il conduisait à l'époque des camions et était dans une entreprise de paysagiste à Loches (37).

Cela se déroule sur une route de campagne en Touraine (au-dessus de la ville de Perrusson) avec trois ou quatre gros virages en tête d'épingle. Au moment de prendre le premier, il a un mauvais pressentiment.

D'un coup, il se retrouve dans le noir, plus un bruit, le silence total.

Il ne voit plus la route, mais sent dans ses mains le volant, il est conscient de ses mains seulement.

Il me dit qu'il a vu comme des diaporamas de moments passés de sa vie, sa communion, son mariage, ma sœur qui était déjà née, puis il a vu une photo d'une petite fille, d'un garçon et de ma sœur sur un petit tracteur ; cette photo sera faite des années plus tard avec moi et mon frère, il a pu voir nos visages des années avant nos naissances.

Il me dit que cela a duré quelques secondes et que, quand il est revenu à lui, le camion avait passé les quatre virages et il était à 600 mètres du dernier virage, il roulait tranquillement.

À ce jour, on ne sait toujours pas comment expliquer tout cela. Il m'a expliqué qu'il avait eu une sensation de lévitation, alors qu'il sentait ses mains sur le volant, comme s'il était hors du sol.

J'ai eu le souhait de l'aider dans cette recherche, car je ne voulais pas qu'il continue à se questionner encore des années.

Depuis cette expérience, il a échappé à plusieurs gros accidents dans son travail.

Il a touché une ligne de 20 000 volts, il a été amené au service des grands brûlés de Bordeaux.

Il a été emmené avec les motards, les pompiers, etc., mais il n'avait rien ! Pas une égratignure.

Lui qui avait tout au long de sa carrière perdu des tas d'amis à cause d'incidents sur les lignes électriques.

Et cette question : « Pourquoi je n'ai rien eu ? » Encore aujourd'hui, il se demande.

Ce n'est que récemment, avec l'aide d'une amie médium et pleine de dons, que nous avons eu une réponse.

En effet, la mère de mon père, était coupeuse de feu, sa grand-mère maternelle guérissait également par la prière, ce don, mon père le possède, sans l'exploiter, tout comme moi.

Selon mon amie médium, ses mains auraient canalisé la boule de feu qui est arrivée des lignes, et aussi, il serait visiblement très protégé là-haut.

Depuis son EMI, il a développé une très grande intuition, qui le prévient des dangers.

Alors, comment expliquer cette histoire ? S'est-il déconnecté de son corps ?

Les personnes ayant vécu des EMI ont souvent développé des dons ou une sensibilité plus forte après leur accident.

Je pense, comme le dit une bonne amie à moi, que nous n'aurons jamais toutes les réponses à nos questions.

Souvenirs d'une autre vie ?

À la vente de notre maison, j'étais déjà partie dans une autre région, et avec moi, il y avait encore quelques petites choses étranges.

Je pense sincèrement que tout ce que j'ai vécu était lié à la maison de mon enfance, même si dix ou vingt ans après, j'ai encore eu des choses très étranges qui étaient présentes autour de moi.

Dans mon nouveau logement, pas de souci au début, enfin le calme, plus de peur, plus de bruit, au début.

J'avais emporté une boîte en fer, une vieille boîte de la maison de mon enfance.

Dedans, un tas de Pog (jouet des années 1990) que je gardais en souvenir.

Cette boîte était dans ma chambre posée sur ma commode, et pendant longtemps, je n'ai eu aucun souci.

En fait, cela a recommencé quand j'ai eu un petit ami, elle a commencé à faire des bruits comme si quelqu'un tapotait dessus.

Parfois, mon ami rigolait et disait : « il y a quelqu'un ? » Sauf que, un jour, elle a répondu ; nous l'avons vidée, nous l'avons changé de place, ça recommençait dès qu'il passait à côté.

J'ai eu ce genre de phénomène pendant deux ans. Puis un jour, à une soirée organisée dans le Gers chez des amis, j'ai retrouvé un ami de longue date qui était passeur d'âmes.

Il m'attrape par le bras et me dit : « Tu sais que tu as un soldat qui te colle et qui te protège ? Il n'aime pas trop ton chéri. »

Je le regarde et je rigole, puis je frissonne, car je repense directement à l'histoire de ma mère avec son soldat à la fenêtre de la cuisine.

Je lui demande plus de précisions, il ne savait rien de mes histoires, il y avait très peu de personnes de mon entourage qui étaient au courant.

Il me raconte que le soldat me trouve une ressemblance avec sa défunte femme et que, depuis, il reste à mes côtés, mais que cela est bienveillant.

Il me propose de faire un rituel, afin de le faire partir. Étrangement, j'avais bien envie, car franchement, autant le dire, cela m'avait fait peur, mais dans un autre sens, j'étais aussi triste, car cette chose était avec moi depuis mon enfance et avait en quelque sorte veillé sur moi, et bizarrement, ça me rassurait.

Depuis son intervention, je n'ai plus eu aucun souci avec la boîte ni avec d'autres objets de ma maison d'enfance.

Je pense que, dans la vie, on ne croise personne par hasard. On a tous un chemin tracé et les gens qui sont sur ce chemin, bons ou mauvais, nous servent toujours.

Et vous, que pensez-vous de tout cela ? Qu'auriez-vous pensé à ma place ?

Un petit tour et s'en va

Les années passaient et tout était redevenu plutôt calme.

Maintenant, parlons un peu des rêves. Vous savez tous que les rêves que nous faisons ont généralement une signification cachée.

Personnellement, depuis que je suis petite, je me souviens de tous mes rêves et cauchemars.

Ce que je vais vous raconter est arrivé quand j'avais 24 ans.

J'ai rêvé d'un château, il y avait une petite fille avec moi, mais visiblement, elle était décédée il y a longtemps, et il y avait deux autres personnes qui étaient tuées. Cela peut ressembler à un cauchemar tout à fait banal, mais voilà.

Au réveil, j'avais le nom Chastenay en tête (avec cette écriture). Je ne connais pas du tout ce château, et je ne pensais qu'à ce nom.

J'attrape instinctivement un bout de papier au réveil, je note et je vais voir sur un moteur de recherche directement, et là, surprise ! Il existe et il est tel que dans mon rêve.

En faisant des recherches, je suis estomaquée par ce que je peux lire.

Il est décrit comme le lieu le plus hanté de l'Yonne et se trouve à Arcy-sur-Cure, un endroit où je ne suis jamais allée de ma vie, je ne connaissais même pas ce village et n'avais jamais vu ou lu de livres sur ce château. Si vous tapez le nom sur un moteur de recherche, vous pourrez voir ce que cela dit.

J'en parle à un parapsychologue, qui me parle du *remote viewing*, que je ne connaissais pas.

Cela signifie la vision à distance (*remote viewing* en anglais). C'est un type de perception, recherché, testé ou utilisé lors de protocoles de parapsychologie.

Je n'ai jamais cherché d'informations sur cela et je ne suis jamais allée à ce château.

En vieillissant, c'est comme si j'avais mis des œillères, du fait que l'invisible me faisait peur, je ne voulais rien voir.

Malgré tout cela, encore aujourd'hui, il m'arrive de ressentir des choses et d'avoir une intuition très développée.

Je sais ressentir si les gens sont bons ou mauvais. Il m'arrive de discuter avec mon arrière-grand-mère que je n'ai pas connue, mais avec qui j'ai un lien incroyable.

Lors d'une séance avec une amie médium, nous discutions d'elle, du fait qu'elle aimait les livres. Après notre discussion, je me retourne et je vois tous les livres de ma bibliothèque tomber, comme cela était arrivé dans ma maison d'enfance quand on parlait d'elle, c'est systématique.

Il y a des choses que nous ne saurons jamais, mais j'aime à croire que nous ne sommes jamais seul(e)s et que quelqu'un ou quelque chose veille sur nous.

Je pense que certains me prendront pour une illuminée, et cela ne me gêne pas.
Je garde mon esprit et mon œil ouverts, il existe plein de choses dans le monde que nous ne pouvons expliquer, je ne trouve pas cela si fou de penser que l'humain ne peut pas tout savoir et tout connaître.

Je voulais partager mon histoire, notre histoire, pour témoigner et dire aux gens qui vivent ou ont eu vécu des expériences similaires : vous n'êtes pas seuls.

À vous de juger ce que vous croyez ou non de mon histoire.

Remerciements

À ma famille, à mes amies et surtout à mon arrière-grand-mère.